Detlef Bischoff

Berlin-Wannsee

CULTURCON medien

DANKSAGUNG

Ich danke allen, die sich Mühe geben, das Einzigartige dieses Berliner Ortsteils zu erhalten, ohne sich der Zukunft zu verschließen. Besonders danke ich meiner Frau Helga dafür, dass sie die Liebe zur Wannseer Landschaft mit mir teilt.

Texte und Fotos

Detlef Bischoff

Jahrgang 1942, war als Professor für Politikwissenschaft Autor zahlreicher wissenschaftlicher Veröffentlichungen. Schon als Schüler konnte er gelegentlich als Pressefotograf tätig sein, und die Fotografie sollte ihn ein Leben lang begleiten. Seit 1977 lebt er in Berlin-Wannsee und erwandert nun die Wannseer Wald- und Seenlandschaft mit seinem Hund "Jonny". 2007 erschien sein überwiegend vom Boot aus fotografierter Bildband "Wasserlandschaften in Berlin und Brandenburg" (Hitit Verlag Berlin), seit 2014 veröffentlicht er jährlich den "Wannsee-Kalender".

ISBN 978-3-944068-34-3

Bibliografische Information der Deutschen Nationalbibliothek:
Die Deutsche Nationalbibliothek verzeichnet diese Publikation in der Deutschen Nationalbibliografie; detaillierte bibliografische Daten sind im Internet über *http://dnb.d-nb.de* abrufbar.

CULTURCON medien
Inh.: Bernd Oeljeschläger

Melanchthonstraße 13, 10557 Berlin
Telefon 030 / 34398440, Telefax 030 / 34398442

www.culturcon.de

Gestaltung: Katja Gusovius und Kathrin Strahl, Berlin
Druck: Elbe Druckerei Wittenberg

Berlin 2015

Berlin-Wannsee

Kleiner Wannsee

Kleinod zwischen Berlin und Potsdam

Der Ortsteil Wannsee liegt im äußersten Südwesten Berlins, im heutigen Bezirk Steglitz-Zehlendorf. Er erstreckt sich über eine Fläche von 24 Quadratkilometern und hat knapp 10.000 Einwohner. Seinen Namen hat er von der Großer Wannsee genannten seeartigen Ausbuchtung der nördlich vorbeifließenden Havel, jenes "aparten Flusses", wie Theodor Fontane sie nannte. Denn über 365 Kilometer Flusslänge überwindet die Havel einen Höhenunterschied von kaum mehr als 40 Metern und fließt daher in einem sich mal verbreiternden, dann wieder verjüngenden Bett überaus gemächlich zur Elbe hin. Doch die Havel bildet nicht nur den Wannsee, sondern prägt die gesamte Berlin-Potsdamer Wasserlandschaft.

Berlin-Wannsee liegt hauptsächlich auf einer in großen Teilen bewaldeten, leicht gewellten Landbrücke zwischen Berlin und Potsdam, die durch künstliche Durchbrüche zur Insel wurde, jedoch über fünf Brücken mit dem "Festland" verbunden ist. Der kleinere Teil Wannsees erstreckt sich rund um den gleichnamigen Bahnhof und entlang der Bahnlinie nach Potsdam östlich vom Großen und dem sich nach Südwesten anschließenden Kleinen Wannsee. Außerdem gehören zum Ortsgebiet noch die etwas abgelegenen Teile Kohlhasenbrück, Albrechts Teerofen und Steinstücken.

Das berühmte Strandbad Wannsee und die nördlich davon gelegene Insel Schwanenwerder gehören verwaltungsrechtlich schon zum angrenzenden Ortsteil Nikolassee, sind aber prägende Bestandteile des Landschaftsbildes. Kernort und älteste Siedlung ist das Dörfchen Stolpe rund um den Stölpchensee, das schon um 1300 urkundliche Erwähnung fand. Es schloss sich 1898 mit den seit 1870 neu entstandenen Villenkolonien Alsen und Wannsee zur Landgemeinde Wannsee zusammen und wurde 1920 mit der Bildung von Groß-Berlin ein Teil des Bezirks Zehlendorf.

Wer von der Wannsee-Brücke aus den Blick nach rechts weit über den Großen Wannsee bis hin zum Strandbad, nach Heckeshorn und Kladow schweifen lässt und nach links auf den viel schmaleren Kleinen Wannsee blickt, ahnt schon bei diesem ersten Eindruck, welchen Zauber diese Landschaft auszuüben vermag. Sie begeisterte nicht nur die preußischen Könige und Adligen und später das Berliner Großbürgertum, sondern zieht auch die Großstadtmenschen von heute in ihren Bann.

Großer Wannsee

Stölpchensee

Der Wannsee und die Havel mit ihren sanft ansteigenden Ufern drücken der Landschaft ihren Stempel ebenso auf wie die auch heute noch vorhandenen ausgedehnten Waldgebiete. Südlich der Wannsee-Brücke zweigt die Kleine Wannsee-Kette mit dem Kleinen Wannsee, dem Pohlesee und dem Stölpchensee ab. Diese Seen sind sehr viel schmaler als Wannsee und Havel und verlaufen eher flussartig zwischen niedrigen bewaldeten Hängen, die zum Teil mit Villen bebaut sind. Über kanalartige Durchbrüche, die erst mit dem Bau des Teltowkanals Anfang des 20. Jahrhunderts entstanden, ist die Seenkette heute mit dem Griebnitzsee und der Glienicker Lake verbunden. Diese trifft bei der Glienicker Brücke wieder auf Jungfernsee und Havel. Bis zum Ende des 19. Jahrhunderts war dies noch eine sehr dünn besiedelte Gegend weit vor den Toren Berlins.

Jahrhundertelang gab es nur das winzige Fischer- und Bauerndorf Stolpe am heutigen Stölpchensee (früher Stolper See). Erst ab dem Ende des 18. Jahrhunderts entstanden an dem Potsdam gegenüber gelegenen Havelufer die königlichen Gebäude von Glienicke und auf der Pfaueninsel, die heute zum UNESCO-Weltkulturerbe zählen. Man spricht auch von "Preußens Arkadien". Allerdings führte der Weg zwischen den Residenzen des preußischen Königs in Berlin und Potsdam über die Insel. Und so wurde bereits 1792 eine befestigte Straße von Berlin nach Potsdam angelegt. An diese alte Königstraße erinnert heute gegenüber dem früheren Rathaus Wannsee ein historischer säulenförmiger preußischer Meilenstein mit der Aufschrift "III Meilen von Berlin". Auch die heutige Königstraße durchschneidet – von Zehlendorf-Mitte oder der Avus kommend – als Bundesstraße 1 den Ort fast schnurgerade bis zur Glienicker Brücke Richtung Potsdam.

Ende des 19. Jahrhunderts entdeckten einige Bankiers und Kaufleute, die in Berlin zu erheblichem Wohlstand gekommen waren und deren Villen bis dahin rund um den Tiergarten zu finden waren, den natürlichen Reiz dieser oberitalienisch anmutenden Seenlandschaft. Der Berliner Bankdirektor Wilhelm Conrad (1822–1899) hatte sich von der Atmosphäre des an der damaligen Friedrich-Wilhelm-Brücke, der heutigen Wannsee-Brücke, gelegenen Stimmingschen Krug verzaubern lassen. Er kaufte das Lokal und weitere Landflächen dazu. 1870 ließ er die Gaststätte abreißen, um an ihrer Stelle die klassizistische Villa Alsen zu errichten. Links und rechts der Königstraße am Kleinen und am Großen Wannsee ließ er das Land parzellieren und die Grundstücke, die mindestens 2.500 Quadratmeter groß waren, für den Bau großzügiger Landhäuser für das Berliner Bürgertum erschließen. Innerhalb nur weniger Jahre entstanden in dieser von ihm Colonie Alsen genannten Siedlung zahlreiche beeindruckende, manchmal schlossartige Villen, wie es dem Zeitgeschmack entsprach. Oft beherbergten diese auch die privaten Kunstsammlungen ihrer reichen Besitzer. Außerdem wurde großer Wert auf die Gestaltung der parkähnlichen Gärten nach Vorbild des englischen Landschaftsgartens gelegt.

Um die für damalige Verhältnisse doch etwas schwer zu erreichende Lage am Wannsee für noch mehr Siedler attraktiv zu machen, setzten Conrad und seine einflussreichen Freunde, die sich großenteils aus dem elitären Berlin Club kannten, den Bau eines Eisenbahnabzweigs nach Wannsee von der existierenden Strecke Berlin-Potsdam durch. Diese wurde 1874 in Betrieb genommen und als "Millionärsbahn" heftig kritisiert. Auf der östlichen Wannsee-Seite entstand gegenüber dem heutigen Bahnhof Wannsee auf einer Haveldüne ab 1874 eine zweite Villenkolonie mit zum Teil noch pompöseren Bauten. Sie erhielt den Namen Villenkolonie Wannsee und ist mit ihren zum Wasser abfallenden großzügigen Gärten noch heute in großen Teilen erhalten. Diese Grundstücke entlang der heutigen Straße Am Sandwerder bieten aufgrund ihrer Ausrichtung nach Westen den Genuss oftmals atemberaubender Sonnenuntergänge über Wannsee und Havel. Das Literarische Colloquium Berlin und die American Academy sind prominente Nutzer von zwei dieser Villen. Auf dem Ostufer des Kleinen Wannsees, dort wo das Grab von Heinrich von Kleist und Henriette Vogel liegt, entstand ab 1905 die Villenkolonie Bismarckstraße, an deren Anfang bis heute beeindruckende Bootshäuser von Rudervereinen stehen.

Blick von Heckeshorn Richtung Wannseebrücke

Sonnenuntergänge über dem Wannsee zaubern oft ein spektakuläres Farbenspiel an den Himmel.

Der Flensburger Löwe erinnert an einen Sieg der preußischen Truppen auf der dänischen Insel Alsen im Jahr 1864.

Die Badesaison ist vorbei, der lange Sandstrand des Strandbads Wannsee bleibt leer.

Umrundung der Insel Wannsee – Von der Wannseebrücke über Heckeshorn zur Pfaueninsel

Ausgangspunkt für eine Umrundung der Insel ist die Brücke zwischen Großem und Kleinem Wannsee. Wenn man zu Fuß oder mit dem Fahrrad unterwegs ist, verläuft die Route fast immer direkt am Wasser entlang. Gegen den Uhrzeigersinn folgt nach dem Überqueren der Wannseebrücke zunächst die Straße Am Großen Wannsee, die bereits schöne Ausblicke auf alte und neue Villen der ehemaligen Colonie Alsen und auf Bootshäuser und -stege mit vielen bunten Booten gestattet. Hinter der Gedenkstätte Haus der Wannsee-Konferenz öffnet sich nach rechts neben dem Restaurant Sanssouci ein breiter Zugang zum Wasser. Der Blick fällt auf die Rückseite des auf einer großen Aussichtsterrasse aufgestellten Denkmals des Flensburger Löwen. Es erinnert an einen Sieg der preußischen Truppen auf der dänischen Insel Alsen im Jahr 1864, der den Gründer der Villenkolonie Wilhelm Conrad so stark beeindruckte, dass er nicht nur einen Zinkabguss des Denkmals stiftete, sondern auch die ganze Villenanlage nach Alsen benannte.

Von der Terrasse aus geht der Blick über die unterhalb liegenden Ausflugsgaststätten Wirtshaus Bolle und Seehaase mit ihren Bootsstegen hinüber auf den strandkorbübersäten Badestrand des Strandbads Wannsee, den an warmen Sommertagen tausende Besucher bevölkern. Links davon liegt die Prominenten-Insel Schwanenwerder, die schon zum Ortsteil Nikolassee gehört. Neben dem Wirtshaus Bolle schwenkt der Weg hinab zum Wasser und führt nun über sieben Kilometer am Ufer entlang oder als Höhenweg am Waldrand bis zur Glienicker Brücke. Da es bis auf eine Zufahrt zur Pfaueninsel mit nur wenigen Parkplätzen keinen Zugang für den motorisierten Verkehr gibt, findet sich hier ein Paradies für Spaziergänger und Radfahrer. Man kann ganz und gar vergessen, dass man sich auf dem Gebiet einer Dreieinhalbmillionen-Stadt befindet.

Auch eine Umrundung der Insel mit dem Ausflugsschiff oder dem eigenen Boot bietet immer wieder neue landschaftliche Perspektiven, Farbspiele und interessante Begegnungen auf dem Wasser. Beim Verlassen des Wannsees öffnet sich zunächst der weite Blick über die Havel – nach Nordosten Richtung Spandau mit dem Grunewaldturm und der früheren amerikanischen Radaranlage auf dem Teufelsberg, nach Nordwesten Richtung Gatow und Kladow und nach Westen zur Pfaueninsel. Dies alles ist nur zwanzig Autominuten vom Kurfürstendamm entfernt und es fällt einem Kurt Tucholskys Gedicht ein von der "Villa im Grünen mit großer Terrasse, vorn die Ostsee, hinten die Friedrichstraße, mit schöner Aussicht, ländlich-mondän, vom Badezimmer ist die Zugspitze zu sehen." Nur die bis zur Eröffnung des neuen Berliner Flughafens immer noch im wenige Kilometer entfernten Tegel startenden und landenden Flugzeuge erinnern daran, dass die Metropole ganz nahe ist.

Am Alten Hof mit seinem dahinter liegenden hübschen kleinen Moorgebiet ist das durch einen Schilfgürtel geschützte Havelufer über eine Badewiese zugänglich und lässt einen gemächlichen Badebetrieb zu. Solange nicht zu viele Menschen da sind, kann auch einmal ein Pferd vor dem Hintergrund der Pfaueninsel vom frischen Grün naschen. Zu Mauerzeiten waren diese Ufer – rare naturnahe Fleckchen im eingemauerten West-Berlin – lange Jahre von Dauercampern besetzt. Aber so ein Zelt am Havelufer war doch ein ökologisch zweifelhaftes Privileg für einige wenige und das Campen wurde schließlich zugunsten einer aufwändigen Rekultivierung der Schilfgürtel untersagt. Der Schutz der Havelufer vor einer allzu intensiven und damit zerstörerischen Nutzung hat sich vor allen Dingen positiv auf die Wasserqualität ausgewirkt und damit den Fischbestand wieder vergrößert und den Wasservögeln Lebensräume zurückgegeben.

Die Pfaueninsel

Die Pfaueninsel ist knapp zwei Kilometer lang und einen Kilometer breit und seit 1924 Naturschutzgebiet. 1793 kam sie in königlich-preußischen Besitz. Ihr hervorstechendstes Gebäude ist das in märchenhaftem Weiß weithin leuchtende, aus Holz erbaute Schlösschen mit zwei ungleichen runden Türmen im damals üblichen Ruinenstil. König Friedrich-Wilhelm II (1744–1797) ließ es kurz nach dem Kauf der Insel errichten. Mit dem ebenfalls von ihm in Auftrag gegebenen Marmorpalais am Ufer des Heiligen Sees im Neuen Garten zu Potsdam steht es in einer Sichtachsen-Beziehung.

Man erreicht die Insel nach einer kurzen Fährfahrt. Sehenswert ist nicht allein dass Schlösschen, sondern die Komposition von Gebäuden wie der Meierei und einigen anderen kleineren Bauten und der sorgfältig angelegten Garten-Landschaft im englischen Stil mit vielen alten Eichen, die auf den berühmten Gartenkünstler Peter Joseph Lenné (1789 – 1866) zurückgeht. An der Gestaltung der Insel waren zahlreiche prominente preußische Baumeister und Garten- und Landschaftsplaner beteiligt. Die bekanntesten sind Karl Friedrich Schinkel (1781 – 1841), der ein riesiges, später abgebranntes Palmenhaus entwarf, Albert Dietrich Schadow (1797 – 1869) und der Hofgärtner Ferdinand Fintelmann (1774 – 1863), der 30 Jahre auf der Pfaueninsel wirkte und dort einen einzigartigen Rosengarten anlegte.

Ihren Namen hat die Insel, die unter König Friedrich Wilhelm III auch einmal königliche Menagerie mit über 800 Tieren aus aller Welt war, von den hier freilebenden Pfauen. Während die Menagerie bereits vor 1850 aufgelöst wurde, sind diese auch heute noch Inselbewohner. Manchmal verirren sich vom gegenüberliegenden Waldufer herüberschwimmende Wildschweine hierher. Als Besucher sind sie jedoch nicht willkommen, denn ihre Lebensgewohnheiten vertragen sich schlecht mit den Gartenanlagen.

UNESCO-Weltkulturerbe

Mit der Pfaueninsel beginnt die preußische Schlösser- und Gärtenlandschaft, die seit 1990 abschnittsweise in die Liste des UNESCO-Weltkulturerbes aufgenommen wurde. Auf Wannseer Gebiet liegen außerdem Schloss und Park Glienicke, Nikolskoe und der Böttcherberg. Mit den Potsdamer Welterbe-Stätten, zu denen insbesondere die Schlösser und Gärten von Sanssouci und Babelsberg gehören, sind sie durch die Glienicker Brücke verbunden. Die Besonderheit des "preußischen Arkadiens", wie die Gegend oft genannt wird, ist, dass alle Bestandteile der Landschaft über zum Teil künstlich geschaffene Sichtachsen miteinander verbunden sind, wodurch sich ein Bild größter Harmonie ergibt, gleich ob man sich auf Uferhöhe oder einem der erhöhten Aussichtsplätze befindet.

Zwischen Pfaueninsel und Glienicker Brücke öffnet sich übers Wasser der Blick auf die Sacrower Heilandskirche, die auch Teil des Weltkulturerbes ist. Sie wurde 1844 im Stil einer frühchristlichen Basilika mit einem freistehenden Campanile nach den Vorstellungen von König Friedrich Wilhelm IV vom Hofbaumeister und Schinkel-Schüler Ludwig Persius (1803 – 1845) entworfen und ähnelt einem am Ufer liegenden Schiff. Der dahinter liegende Park mit Schloss Sacrow wurde von Peter Joseph Lenné gestaltet. Nach dem Mauerbau am 13. August 1961 lag die Kirche inmitten des Grenzstreifens und wurde fast völlig zerstört, ihr Turm wurde sogar Teil der DDR-Grenzanlagen. Doch bereits 1984 konnte über politische Kontakte mit westlicher Finanzhilfe das Äußere des Kirchengebäudes gesichert werden. Nach der Wiedervereinigung wurde das Gebäude komplett restauriert und bietet heute einen prächtigen Anblick. Im September findet hier jährlich ein Sportschiffer-Gottesdienst statt.

Schloss und Park Glienicke

Schloss Glienicke geht zurück auf das Landhaus des preußischen Staatskanzlers Karl August Fürst von Hardenberg (1750-1822), der sich hier von Peter Joseph Lenné einen "Pleasureground" planen ließ. Als der preußische Prinz Carl, Sohn von Friedrich Wilhelm III und Königin Luise, das alte Landgut 1824 erwarb, beauftragte er Schinkel, dieses im Stil einer italienischen Villa umzubauen. An den Außenwänden ließ der Prinz aus Italien mitgebrachte original-antike Bauteile befestigen. 1837 ergänzte Schinkel, der schon das im Park gelegene Billardhaus in ein Casino umgewandelt hatte, die Parkanlage um die beiden goldenen Löwen mit einem Springbrunnen.

Auch hier kommen die wohldurchdachten Sichtachsen zum Tragen: Vom Casino schaut man über Jungfernsee und Havel zum Potsdamer Pfingstberg mit dem Schloss Belvedere oder nach Sacrow mit Kirche und Schloss. Mit dem Rücken zum Schloss öffnet sich der Blick auf die von der Kuppel der Schinkelschen Nikolaikirche gekrönte Stadtsilhouette von Potsdam.

An der Ecke zur Königstraße wird der Park abgeschlossen durch die Große Neugierde, einen von Karl Friedrich Schinkel entworfenen runden Teepavillon mit sechzehn Säulen, von dem aus man auf den Jungfernsee, Schloss und Park Glienicke sowie über die Glienicker Brücke schauen kann.

Die Glienicker Brücke

Am Schloss Glienicke stoßen wir wieder auf die Königstraße, über die man mit dem Bus Bahnhof Wannsee in wenigen Minuten erreichen kann. Die Königstraße überquert hier die Glienicker Brücke, eine der bekanntesten Brücken der Welt, welche Berlin mit Potsdam verbindet. Obwohl sie seit 1949 Brücke der Einheit heißt, symbolisiert sie doch das Zeitalter der deutschen Spaltung und des Kalten Krieges. Noch vor dem Mauerbau wurde sie für den zivilen Verkehr gesperrt und konnte nur von Angehörigen der Berliner Besatzungsmächte passiert werden. Ihren ganz besonderen Nimbus erhielt sie, als 1962, 1985 und 1986 Agenten beider Seiten und russische Dissidenten zwischen Ost und West ausgetauscht wurden.

Seit Ende des 17. Jahrhunderts verband die Brücke die königlichen Residenzstädte Potsdam und Berlin. Dem hölzernen Vorgänger folgte 1834 eine Neukonstruktion Schinkels mit einem als Zugbrücke konstruierten Brückenteil. Nach dem Bau des Teltowkanals wurde sie wegen des zunehmenden Schiffsverkehrs mit immer größeren Schiffen 1907 durch die heutige Stahlkonstruktion ersetzt.

Man sieht heute an der Brücke keine Spuren der Teilung mehr, nur wenn man ganz genau hinschaut, sind zwei unterschiedliche Grüntöne im Anstrich der beiden Hälften erkennbar. Ein Gang über die Brücke oder eine Bootsfahrt unter ihr hindurch ist eine der größten Touristenattraktionen in dieser ansonsten touristisch gar nicht so stark berührten Ecke Berlins und Potsdams. Auf der Potsdamer Seite liegt hinter dem die Brückenauffahrt flankierenden Säulenportal die Villa Schöningen. 1845 erbaut, kam sie nach Jahrzehnten des Verfalls in den letzten Jahren als Museum und Galerie zu neuer Blüte.

Der Griebnitzsee trennt Berlin-Wannsee von Potsdam-Babelsberg.

Entlang der Kleinen Wannsee-Kette

Gegenüber, auf der südlichen Seite der Königstraße, erstreckt sich der Park mit dem Jagdschloss Glienicke bis ans Ufer der Glienicker Lake. Bereits ab 1682 ließ der Große Kurfürst Friedrich Wilhelm von Brandenburg (1620–1688) sich hier nach Erwerb des Dorfes Klein-Glienicke ein Jagdschloss errichten. Dessen heutige Gestalt ist die Folge etlicher Umbauten und Erweiterungen. Zuletzt machte ein Brand im Südflügel im Jahr 2003 eine mehrjährige Sanierung erforderlich. Nach jahrzehntelanger Nutzung als Internationale Jugendbegegnungsstätte wird der Bau seit 2007 vom Sozialpädagogischen Fortbildungsinstitut Berlin-Brandenburg genutzt.

Jagdschloss Glienicke

Pohlesee mit Schäferbergturm

Am Ende des Griebnitzsees mündet von Osten kommend der Teltowkanal, der die südwestlichen Gewässer Berlins mit der Dahme im Südosten verbindet, bevor der kleine Prinz-Friedrich-Leopold-Kanal weiterführt zum Stölpchensee. Mit dem an seinem Ufer gelegenen früheren Dorf Stolpe befindet sich hier die Wiege des heutigen Ortsteils Wannsee. Die Überquerung des kleinen Sees ist eines der schönsten Erlebnisse bei einer Bootsrundfahrt. Der Stölpchensee ist der erste See in der sogenannten Kleinen Wannsee-Kette, die über den Pohlesee und den Kleinen Wannsee zurück zum Ausgangspunkt Wannseebrücke und damit zum Großen Wannsee führt.

Südliches Flair am Stölpchensee

Eisvergnügen auf dem Kleinen Wannsee

Glienicker Brücke Richtung Potsdam

Über die Bootsanlegestelle an der Wannseebrücke geht der Blick zu den Wannsee-Villen der früheren Kolonie Wannsee.

Ortsteil Berlin-Wannsee – Straßen und Brücken

Die Wannseebrücke überquert die Verbindung zwischen Großem und Kleinem Wannsee. Wenn man sich ihr vom 100 Meter entfernten S-Bahnhof nähert, passiert man die Anlegestelle der Ausflugschiffe. Besonders beliebt ist die Sieben-Seen-Rundfahrt um die Insel herum. Auch eine Fähre nach Kladow auf der anderen Havelseite legt hier ab, die zum Liniennetz der Berliner Verkehrsbetriebe gehört. Von der hier beginnenden Königstraße abzweigend entstanden nach den ersten Villenansiedlungen des ausgehenden 19. Jahrhunderts zahlreiche weitere Straßen mit Villen- und Landhausbebauung, von denen die meisten zum Wasser oder zum Wald führen. Nach dem Zweiten Weltkrieg und zu Mauerzeiten kamen etliche Reihenhaussiedlungen und kleinere Wohnanlagen hinzu. So wurde verhindert, dass Wannsee ein exklusiver Nobel-Vorort wie z.B. Schwanenwerder wurde, wenn auch große Wohnanlagen fehlen. Entlang der Königstraße ist im 20. Jahrhundert ein moderner Stadtteil mit zahlreichen Geschäften entstanden. Kurz hinter dem Abzweig der Chausseestraße Richtung Ortskern Stolpe führt die Königstraße in das große Waldgebiet, das sich Richtung Norden bis zum Wasser erstreckt. Südlich der Straße befinden sich das Gelände des Wannseer Golfclubs, das heutigen Helmholtz-Zentrum und die ehemalige Mülldeponie.

Kurz vor der Glienicker Brücke öffnet sich beiderseits der Königstraße der Blick auf die Parks und Schlösser von Glienicke. Die Brücke verbindet heute wieder Berlin mit der brandenburgischen Hauptstadt Potsdam. Nach dem Mauerbau war sie als Ort des Agentenaustauschs zwischen Ost und West zwar weltberühmt, aber für Normalbürger nicht mehr passierbar. Die 1906 in der heutigen Gestalt fertiggestellte Glienicker Brücke ebenso wie die im selben Jahr erbaute Alsenbrücke über den Verbindungskanal zwischen Stölpchen- und Griebnitzsee stammen aus einer Zeit, in der Brückenbau nicht nur unter Kostengesichtspunkten stattfand, sondern auch auf die architektonisch-künstlerische Gestaltung noch Wert gelegt wurde.

Die Alsenbrücke überquert den Prinz-Friedrich-Leopold-Kanal zwischen Griebnitzsee und Stölpchensee

Die Königstraße Richtung Potsdam. Zu den im wahrsten Sinne des Wortes herausragenden Bauwerken Wannsees zählt der auf halbem Wege zwischen Ortskern Wannsee und Potsdam gelegene, 1964 erbaute, 212 Meter hohe Fernmeldeturm auf dem 103 Meter hohen Schäferberg. Er ist bis weit ins Brandenburger Umland und bis ins Berliner Zentrum hinein sichtbar.

Kossätenhaus in Stolpe, das mutmaßlich älteste Haus Wannsees

Dörflicher Kern, Villen und Landhäuser

Der Wilhelmplatz nahe dem Stölpchensee ist das Zentrum des ehemaligen Bauern- und Fischerdorfs Stolpe, der siedlungsgeschichtlichen Keimzelle Wannsees. Die evangelische Kirche mit ihrem massigen Turm, das davor liegende alte Schulhaus und die Gaststätte Grüner Baum bilden hier zusammen mit weiteren Gebäuden ein historisches Ensemble. Rund um die Stölpchenseekirche finden sich auch die sogenannten Kossäten- oder Büdnerhäuser, d.h. winzige Katen ohne Stallungen, in denen die meist nebenerwerblich tätigen Bauern oder Fischer mit ihren Familien lebten. Hier zu sehen ist Wannsees mutmaßlich ältestes Haus im Grünen Weg aus der zweiten Hälfte des 18. Jahrhunderts. Viele dieser Häuser wurden erweitert und modernisiert oder abgerissen, um modernen Bauten Platz zu machen. In den vergangenen Jahren setzte ein Umdenken ein. So wurde erst unlängst ein ehemaliges Kossätenhaus, das jahrelang seinem Abriss entgegendämmerte, von Grund auf neu aufgebaut.

Für das heutige Ortsbild Wannsees bedeutender als diese Kossätenhäuser waren die Villen in den drei Kolonien Alsen, Wannsee/Am Sandwerder und Bismarckstraße. Wohlhabende Berliner ließen sich gern in den schlossähnlichen Bauten mit großen Landschaftsgärten nieder. So wurde die Idee der an italienischen Vorbildern orientierten königlich-preußischen Schlösser und Gärten in Glienicke und dem benachbarten Potsdam in die Wannseer Landschaft weitergetragen.

Reiche und Berühmte siedelten sich hier im Gefolge Wilhelm Conrads, des Gründers der Colonie Alsen, an, wie die Familien Siemens und Helmholtz, der Chemie-Nobelpreisträger von 1902 Emil Fischer, die Unternehmer und Kunstsammler Franz und Margarete Oppenheim, Oscar Huldschinsky, Eduard von der Heydt und Eduard Arnhold, bekannte Maler wie Hugo Vogel, Philipp Frank und Max Liebermann, später die Schauspielerpaare Heinrich George und Berta Drews sowie Heinz Rühmann und Hertha Feiler, um nur einige zu nennen. Natürlich zogen auch weniger prominente Bürger im Laufe der Jahrzehnte hierher. Viele mussten nach der Machtübernahme der Nationalsozialisten 1933 unfreiwillig und fluchtartig ihr Haus und ihre deutsche Heimat verlassen. Von etlichen Villen, die ihren jüdischen Besitzern weggenommenen worden waren, ergriffen NS-Funktionäre Besitz oder es wurden NS-Dienststellen darin eingerichtet.

Am Kleinen Wannsee ist ein typisches Beispiel für die Villenarchitektur der Colonie Alsen erhalten geblieben. Allein das Bootshaus zeugt vom Reichtum der Erbauer. Wenige Grundstücke weiter befindet sich die Villa Siemens (heute Verwaltung des Immanuel-Krankenhauses). Deren zum Kleinen Wannsee gelegener Park ist für Besucher zugänglich und lässt etwas vom Lebensstil der früheren Eigentümer spüren. Das andere Bild zeigt ein weniger pompöses, aber nicht minder reizvolles und gut erhaltenes Beispiel der vielseitigen Villenarchitektur vom Ende des 19. Jahrhunderts, die bis heute nichts von ihrem Charme verloren hat.

Öffentliche Bauten

Als kleiner Ortsteil weist Wannsee nur wenige öffentliche Bauten aus der Gründungszeit des Ortes auf. Das wohl wichtigste öffentliche Gebäude ist das zwischen 1899 und 1901 aus rotem Backstein im neogotischen Stil erbaute Rathaus Wannsee an der Königstraße / Ecke Chausseestraße mit seinem runden Turm mit achteckiger Spitze. Dieser wurde 1987 weitgehend in der ursprünglichen Form wiederhergestellt. Nur wenig später, kurz nach Eingliederung Wannsees in den Bezirk Berlin-Zehlendorf 1920, verlor das Rathaus seine Aufgabe als Verwaltungszentrum schon wieder. Heute wird es überwiegend als Jugendzentrum genutzt. Der preußische Meilenstein mit der Aufschrift "III Meilen bis Berlin“ (gemeint sind preußische Meilen von je 7532 Metern) stand ursprünglich auf derselben Straßenseite, wurde aber bei Umbauarbeiten der Königstraße an den gegenüberliegenden Waldrand versetzt. Die "III Meilen" geben die Entfernung zum historischen Dönhoffplatz an der Leipziger Straße in Berlin-Mitte an, auf dem seit 1730 ein steinerner Obelisk die Meile Null nach Potsdam anzeigte.

Das Strandbad Wannsee gehört zwar streng genommen zum Ortsteil Nikolassee, aber diese inzwischen über hundertjährige Institution, die vermutlich vielen Menschen als erstes im Zusammenhang mit dem Wannsee einfällt, soll hier nicht fehlen. Das Strandbad ist eines der größten Freibäder Europas mit einer Tageskapazität von bis zu dreißigtausend Besuchern. Allerdings hat es in den letzten Jahrzehnten aufgrund der Konkurrenz anderer Berliner Bäder, aber natürlich auch wegen der nach der Wiedervereinigung für die früheren West-Berliner wieder gut erreichbaren Ostseebäder an Bedeutung verloren. Sein 50 Meter breiter Sandstrand ist über einen Kilometer lang. Und von diesem Strand aus bietet sich ein wunderbarer Blick nach Westen auf die Insel Wannsee und die Havel mit der Pfaueninsel. Nach Jahren des Verfalls der denkmalgeschützten Bauten wurden diese zum 100-jährigen Jubiläum 2007 weitgehend saniert. Das Strandbad ist auch immer wieder Veranstaltungsort für Konzerte oder beispielsweise den Red Bull-Flugtag (eine Aufnahme aus dem Jahr 2003), bei dem sich die Teilnehmer mit selbstgebauten Fluggeräten von einer Rampe ins Wasser stürzten.

Club- und Bootshäuser

Die Architektur vieler Club- und Bootshäuser am Großen und am Kleinen Wannsee fällt ins Auge. Sie sind weit davon entfernt, bloße Zweckbauten zu sein. Vielmehr drücken sie etwas vom Lebensgefühl ihrer großbürgerlichen Bauherren aus. Segeln war eine der gesellschaftlich hochangesehenen Freizeitbeschäftigungen, der die Bewohner der Villenkolonie gern nachgingen. 1867 wurde der Verein Seglerhaus am Wannsee gegründet, und auf seinem Gelände an der Straße Am Großen Wannsee 24–26 entstand 1910 in seiner heutigen Form ein Clubhaus auf einer Grundfläche von 750 Quadratmetern, "gleichsam ein Landhaus im Monumentalen", wie es in einer Veröffentlichung des Berliner Landesdenkmalamts heißt.

Auch am Kleinen Wannsee stehen zahlreiche Clubhäuser. Direkt neben dem Kleistgrab oberhalb des Kleinen Wannsees in der Bismarckstraße 2 liegt das auch auf seiner Landseite auffällig großzügige Clubhaus des Schüler-Ruder-Verbandes Wannsee, erbaut in Etappen zwischen 1906 und 1922, großenteils vom Architekten und Berliner Regierungsbaurat Otto Stahn (1859 – 1930), dem Wannsee und Berlin weitere herausragende Bauwerke verdanken, wie zum Beispiel die Friedhofskapelle der Andreaskirche und zahlreiche Berliner Brücken, u.a. die Moltkebrücke und die Weidendammer Brücke über die Spree.

Auf beiden Uferseiten finden sich weitere private Bootshäuser, von denen einige nach Jahren des Dornröschenschlafs zu Mauerzeiten in den letzten Jahren wieder zu neuem Leben erwacht sind. Manche sind so schön und großzügig, dass viele Familien mit Kindern sie sicherlich gerne auch als Wohnhaus nutzen würden.

Liebermann-Villa und Haus der Wannsee-Konferenz

Zwei Gebäude der Villenkolonien am Wannsee dokumentieren und spiegeln auf besondere Art die deutsche Geschichte. Der Maler Max Liebermann (1847–1935), eine der bedeutendsten deutschen Künstlerpersönlichkeiten, erwarb 1909 das am Großen Wannsee 42 gelegene letzte freie Wassergrundstück der Colonie Alsen, rund 7.000 Quadratmeter groß. Dort ließ er sich vom Architekten Paul Baumgarten (1873–1946), bei eigener tätiger Mithilfe, ein Landhaus bauen. Beratend war der mit Liebermann befreundete Hamburger Kunsthistoriker Alfred Lichtwark (1842–1914), tätig, dessen Ideen vor allem in die Gestaltung des Gartens eingingen. Haus und Garten wurden als Gesamtkunstwerk konzipiert. Der Garten mit dem Blick auf den Wannsee fand seinen malerischen Niederschlag in über 200 Gemälden des Künstlers, obwohl er und seine Familie nur in den Sommermonaten hier wohnten. Als Jude wurde Liebermann nach Machtantritt der Nationalsozialisten zum Rücktritt vom Amt des Präsidenten der Preußischen Akademie der Künste gedrängt. Er starb im Februar 1935 in seinem Haus am Pariser Platz. Im selben Jahr wurde seine Witwe gezwungen, die Villa weit unter Wert an die Reichspost zu verkaufen. Sie nahm sich 1943 vor ihrer Deportation in ein Vernichtungslager das Leben. Im Krieg wurde die Villa als Lazarett genutzt, nach dem Krieg bis 1969 als Krankenhaus, dann an einen Tauchverein verpachtet. Der 1995 gegründeten Max-Liebermann-Gesellschaft gelang es schließlich nach Überwindung vieler Widerstände auch seitens des Zehlendorfer Bezirksamts, Landhaus und Garten ohne staatliche Mittel weitgehend originalgetreu zu restaurieren und 2006 als Museum zu eröffnen, das jährlich etwa 80.000 Besucher anzieht.

Nur wenige hundert Meter nördlich, am Großen Wannsee 56/58, liegt die nach ihrem Erbauer benannte Villa Marlier. Architekt war wiederum Paul Baumgarten, der das Gebäude 1914/15 auf einem 30.000 Quadratmeter-Wassergrundstück errichtet. Baumgarten wurde später übrigens einer der Lieblingsarchitekten Hitlers. Das Gebäude ist bisweilen auch bekannt als Villa Minoux, nach ihrem zweiten Eigentümer. Friedrich Minoux war Generaldirektor des Stinnes-Konzerns und stand der antidemokratischen Rechten der Weimarer Republik sehr nahe. 1940 übernahm eine dem Sicherheitshauptamt der SS unterstellte Stiftung den repräsentativen Bau mit seinem riesigen Garten und wandelte ihn zum Gästehaus von Sicherheitspolizei und SD um. In negativem Sinne weltberühmt wurde das Haus durch die zweistündige Sitzung, die hier am 20. Januar 1942 auf Einladung des Chefs des Sicherheitsdienstes des Reichsführers SS Reinhold Heydrich abgehalten wurde, und an der hochrangige Vertreter von NS-Verwaltung, NSDAP, SS, SD und Polizei teilnahmen. Als "Wannsee-Konferenz zur Gesamtlösung der Judenfrage in Europa" ist sie in die Geschichtsbücher eingegangen. Auch wenn der Völkermord an den Juden schon früher beschlossen worden war, dokumentierte das hier angefertigte Sitzungsprotokoll zum ersten Mal den unbedingten Willen zur systematischen Umsetzung des Plans.

Nach Zwischennutzungen des Gebäudes unter anderem als Schullandheim des Bezirks Neukölln, wurde 1992 die Gedenk- und Bildungsstätte Haus der Wannsee-Konferenz eröffnet, die von einem Trägerverein unterhalten wird. Hier findet sich eine ständige Ausstellung zur Wannsee-Konferenz und dem Völkermord an den europäischen Juden. Daneben gibt es zahlreiche Sonderausstellungen. Auch in weiteren Wannseer Gebäuden befanden sich teilweise geheime NS-Dienststellen. Dies erklärt vermutlich, warum Wannsee erst am 2. Mai 1945, am selben Tag wie das Berliner Zentrum, kapitulieren durfte, obwohl die hohen NS-Funktionäre zu diesem Zeitpunkt schon längst geflohen waren.

Kirchen in Wannsee

Zu den architektonisch herausragenden Kirchenbauten in Wannsee gehört die evangelische Kirche am Stölpchensee. Leicht erhöht steht sie oberhalb des Seeufers im alten Dorfkern von Stolpe und dominiert mit ihrem massigen Turm und dem Kirchengebäude aus hellgelben Sandstein die bis heute erhaltene dörfliche Idylle. Der preußische König Friedrich Wilhelm IV (1795–1861) gab den Bauauftrag, versehen mit eigenen Anregungen, an den Schinkel-Schüler Friedrich August Stüler (1800–1865), der das Gebäude in den Jahren 1858/59 errichten ließ. Heute ist sie eine von zwei Kirchen der Evangelischen Kirchengemeinde Wannsee.

Auf dem der Kirche benachbarten städtischen Friedhof Wannsee in der Friedenstraße, auch Alter Friedhof genannt, finden sich die Gräber zahlreicher prominenter Berliner. Darunter auch das Grab des Droschkenkutschers Gustav Hartmann (1859–1938), der 1928 mit seiner Kutschenfahrt nach Paris gegen die zunehmende Zahl von Autos protestierte und durch den später verfilmten Roman "Der Eiserne Gustav" von Hans Fallada weit über die Stadtgrenzen hinaus bekannt wurde.

Kirche am Stölpchensee

Innenansicht der Kirche Peter und Paul auf Nikolskoe

Eine weitere Kirche mit beeindruckender Geschichte und Architektur ist die auf dem Steilufer der Havel gegenüber der Pfaueninsel gelegene protestantische helle Backsteinkirche Peter und Paul auf Nikolskoe von 1837, die 2012 ihr 175-jähriges Jubiläum feierte. Das hohe Kirchenschiff wird überragt von einem schmalen achteckigen Turm mit Zwiebelkuppel, der ihr eine russische Anmutung gibt. Bauherr war der Vater des Erbauers der Stölpchenseekirche, der preußische König Friedrich Wilhelm III (1770 – 1840), der mit seiner früh verstorbenen und bis heute verehrten Frau Luise (1776 – 1810) die Pfaueninsel als Sommersitz bewohnte und dieser ihre einzigartige Gestalt gab. Nach dem Willen des Königs sollte seine neue Kirche im "Styl der russischen Kirchen" errichtet werden. Am Bau beteiligt waren die großen preußischen Architekten und Baumeister: Friedrich August Stüler als entwerfender Architekt, Albert Dietrich Schadow als ausführender Architekt und auch Karl Friedrich Schinkel hatte Entwürfe beigesteuert. Heute ist die Kirche ohne feste Gemeinde, aber sehr beliebt als Ausflugskirche und für Taufen und Trauungen sowie Ausstellungen und Konzerte. Der Ausblick von der Terrasse auf die Pfaueninsel mit ihrem märchenhaften weißen Schlösschen und die Havellandschaft ist überwältigend schön.

Von Peter und Paul sind es nur wenige Schritte auf der Havelhöhe zu dem bereits früher entstandenen Blockhaus Nikolskoe. Dieses ließ der König 1819 zu Ehren seines Schwiegersohns im russischen Bauernhausstil errichten. Seine Tochter Charlotte hatte 1817 den russischen Kronprinzen und späteren Zaren Nikolaus I. geheiratet. Als das Paar 1819 nach Potsdam zu Besuch kam, überraschte es der König mit dieser Kopie eines Bauernhauses, wie er es ein Jahr zuvor selbst bei seinem Besuch in St. Petersburg gesehen hatte. Einige Jahre später regte Charlotte, mittlerweile Zarin Alexandra Fjodorowna, den Bau der Kirche an.

Die Grabstelle der Familie Wilhelm Conrad

Deutlich jünger ist die von Wilhelm Conrad gestiftete evangelische Andreaskirche in der Lindenstraße. Der rote Backsteinbau im damals verbreiteten neugotischen Stil, ähnlich dem Rathaus Wannsee, stammt von 1898. Sie war die Kirche der reichen Hauptstädter, die Conrads Ruf in die Wannseer Idylle gefolgt waren und am Großen und Kleinen Wannsee ihrem Stand und Vermögen entsprechende Villen gebaut hatten – und denen der Weg zur dörflich geprägten Stölpchenseekirche nun einfach zu weit war. Der zur Kirche gehörende Friedhof spiegelt mit seinen zahlreichen repräsentativen Grabstätten die Bedeutung der großbürgerlichen Wohngegend für Berlin und das Deutsche Reich vor dem Ersten Weltkrieg eindrücklich wider. Christliche ebenso wie jüdische Bewohner der Villenkolonie wurden hier nebeneinander bestattet. Die größten Grabstellen sind die der Familie Wilhelm Conrad sowie das Grabmal des bedeutenden Naturwissenschaftlers Herrmann von Helmholtz (1821 – 1894). In einem anderen Bereich des Friedhofs finden sich, wie auch auf dem Friedhof Friedenstraße, zahlreiche Gräber von Soldaten und Volkssturmmännern, der jüngste 17, der älteste 72 Jahre alt. In den letzten Tagen des längst verlorenen Kriegs versuchten sie, Wannsee gegen die weit überlegene Rote Armee zu verteidigen, bis zur Kapitulation der Stadt Berlin am 2. Mai 1945. In dieser letzten Phase sollen allein in Wannsee über 900 Deutsche ums Leben gekommen sein. Die Zahl der gefallenen sowjetischen Soldaten ist unbekannt.

Kriegsgräber auf dem Neuen Friedhof an der Andreaskirche

Das Kleist-Grab

Südlich der Wannseebrücke öffnet sich zur Bismarckstraße hin der vor wenigen Jahren aus Anlass des 200. Todestages neugestaltete Zugang zu Wannsees wohl berühmtester Grabstätte. Hier ruht der Dichter und Dramatiker Heinrich von Kleist (1777 – 1811). Er nahm sich an dieser Stelle oberhalb des Stolper Lochs, wie der Kleine Wannsee früher genannt wurde, am 21. November 1811 gemeinsam mit seiner Freundin, der krebskranken Henriette Vogel, das Leben. Dem heutigen Nachruhm Kleists entsprechend hat das gemeinsame Grab den Charakter einer Pilgerstätte angenommen. Der Spruch auf Rückseite des Steins lautet "NUN, O UNSTERBLICHKEIT, BIST DU GANZ MEIN". Er stammt aus Kleists Drama Prinz von Homburg. Auf der dem See zugewandten Seite steht ein Spruch des jüdischen Dichters Max Ring: "Er lebte, sang und litt / In trüber, schwerer Zeit, / Er suchte hier den Tod / Und fand Unsterblichkeit". Die Nazis hatten diese Worte 1941 entfernt und durch das Kleist-Zitat ersetzt. Bei der Neugestaltung 2011 wurden sie wieder angebracht und auch der Name von Henriette Vogel wurde in den Stein graviert.

Blick auf die Sacrower Heilandskirche

Der Wannseer Wald

Der größte Teil der Insel Wannsee ist bewaldet – doch ist dies kein typischer Stadtwald mit schnurgeraden Baumreihen und nur wenigen Arten! Vielmehr ist in langen Jahren gezielter Pflege ein artenreiches Gehölz entstanden und weiter in Entwicklung. Neben der märkischen Kiefer findet man vor allem zahlreiche Laubbäume wie Eiche, Buche und Ahorn, die besser als die Nadelbäume in der Lage sind, Regenwasser zu speichern. Die besondere Anziehungskraft dieses Waldgebietes liegt aber nicht nur in der Vielfalt seines Baumbestandes, sondern auch in seiner landschaftlichen Prägung. Die Eiszeit hinterließ hier nicht nur Flüsse und Seen, sie schuf auch sandige Hügel mit sanften Abhängen und manchmal sogar kleine Schluchten. Zu den Gewässern hin gibt es an vielen Stellen steile Abbrüche, die durch die Bäume vor dem Abrutschen bewahrt werden. Vielfach sind auf den Anhöhen Wanderwege angelegt, die immer wieder reizvolle Blicke auf das schimmernde Blau der Havel bieten, auf die grüne Pfaueninsel und das Gelb der Schilfgürtel, auf die kleinen Havelinseln Imchen und Kälberwerder, auf das gegenüberliegende Ufer mit Gatow, Kladow und dem brandenburgischen Sacrow. Besonders schön sind die Durchblicke im Frühjahr, wenn das frische Laub herauskommt. Dann kann man von der Moorlake aus die einst im Todesstreifen gelegene Sacrower Heilandskirche mit ihrem freistehenden Glockenturm erkennen, bevor sie später im Jahr vom dichter werdende Laub wieder verborgen wird.

So kann man am Wasser entlang oder auf dem entsprechenden Wald-Höhenweg die siebeneinhalb Kilometer vom Flensburger Löwen am Heckeshorn bis zur Glienicker Brücke laufen. Wer Glück hat, begegnet Rehen, Füchsen oder gar Mufflons, Wildschafen mit gekrümmten Hörnern, die zu Mauerzeiten noch recht häufig waren, sich in den letzten Jahren in den Tiefen des Wannseer Waldes jedoch recht rar gemacht haben. Weniger Glück braucht man, um auf eine der zahlreichen Wildschweinrotten zu treffen, die in Berlin aber manchmal sogar schon in der Innenstadt auftauchen.

Wie ausgedehnt die Wannseer Wälder sind, zeigt ein Blick von dem auf Potsdamer Seite liegenden Belvedere auf dem Pfingstberg über Havel und Jungfernsee auf die Insel Wannsee mit dem turmbekrönten Schäferberg. Aber auch das gesamte östliche Havelufer ist bis nach Spandau hinauf dicht bewaldet.

Der Blick von der Terrasse des Lokals Nikolskoe auf Pfaueninsel und Havel ist zu jeder Jahreszeit überwältigend schön.

Ausflugsgastronomie

Eines der bekanntesten Lokale, das einen großartigen Blick über den großen Wannsee und auf traumhafte Sonnenuntergänge über dem Wasser bietet, ist das Loretta am Wannsee, nur wenige Schritte von Bahnhof und Schiffsanlegestelle entfernt. Doch wenn die Umrundung der Insel Wannsee geplant ist, bieten sich eine Reihe weiterer Lokale zur Rast an. Unterhalb des Flensburger Löwen liegen direkt an den Bootsstegen mit Bolles Wirtshaus und Seehaase zwei urige Lokale. Das oberhalb gelegene Sanssouci bietet etwas gehobenen Stil, aber auch mit schönem Wannseeblick. Am Anleger der Fähre zur Pfaueninsel liegt das Wirtshaus zur Pfaueninsel mit zwei schönen Biergärten, etwas oberhalb davon befindet sich neben der Kirche Peter und Paul die schon erwähnte historische Gaststätte Blockhaus Nikolskoe. Der Blick von der Terrasse des Lokals auf Pfaueninsel und Havel ist überwältigend schön, ganz gleich zu welcher Jahreszeit man ihn genießt.

Auch das Wirtshaus Moorlake, in einer kleinen Bucht am Havelufer gelegen, befindet sich in einem historischen Gebäude. Der Hofbaumeister Ludwig Persius errichtete 1840 für die aus Bayern stammende Königsgemahlin ein Forsthaus mit Stallgebäude im bayerischen Stil. Schon 1896 wurde es als Gaststätte verpachtet und bietet heute mit seinem schönen Biergarten und literarischen Abendveranstaltungen kulturelle Attraktionen. Im Schloss Glienicke findet sich mit der Remise ein zwar nicht direkt am Wasser, aber mit Blick in den Schlosspark gelegenes Lokal der gehobenen Kategorie.

Mutter Fourage: Kulturzentrum und Ökoladen sind eine Wannseer Institution

Hubertusbaude am Prinz-Friedrich-Leopold-Kanal

Am kleinen Prinz-Friedrich-Leopold-Kanal zwischen Griebnitzsee und Stölpchensee liegt schließlich die hölzerne Hubertusbaude mit schönem Wasserblick. Und nebenan kann man im Hotel Forsthaus Wannsee sogar direkt am Wasser und dazu noch in Golfplatznähe seinen Urlaub verbringen.

Das Mutter Fourage ist ein ganz besonderes Wannseer Kulturzentrum. Mit Café, Ökoladen sowie Blumen- und Pflanzenhandlung liegt es in der Chausseestraße, nur wenige Minuten vom Stölpchensee und Pohlesee entfernt. Mit Ausstellungen in der Hofgalerie sowie Konzerten und Lesungen, die in einer ehemaligen Scheune stattfinden, bereichert es das kulturelle Leben des Ortsteils.

WAVE SPORT

SPERBER

Freizeit und Sport

Ob als Paddler, Ruderer oder Segler oder als Passagier eines der zahlreichen Ausflugsschiffe, die rund um die Insel Wannsee, aber auch nach Potsdam oder Spandau verkehren – für jeden Geschmack und jedes Alter halten die Wannseer Gewässer Angebote bereit. Wer ein Boot betritt, dem erschließt sich vom Wasser aus die Landschaft noch einmal ganz neu. Ein besonderes Erlebnis ist es, eine Nacht in dieser Seenlandschaft zu verbringen, nachdem abends die Sonne tiefrot im Westen versunken ist. Die Großstadt ist dann ganz fern.

Es gibt in Wannsee auch eine Radrennstrecke. Angelegt als leicht hügeliger Rundkurs, führt sie über die Königstraße, den Nikolskoer Weg, vorbei an der Pfaueninsel und über die für den motorisierten Verkehr gesperrte Pfaueninselchaussee. Das Ziel der hier ausgetragenen Rennen liegt heute gegenüber der in den 1920er Jahren erbauten katholischen St.-Michaels-Kirche mit ihrem auffallenden Turm mit drei Spitzen. Zur 750-Jahre-Feier Berlins 1987 führte sogar die Eröffnungsetappe der Tour de France über diesen Rundkurs.

Zwischen Königstraße und Griebnitzsee befindet sich eine weitere Wannseer Institution aus der Frühphase der Wannseer Villenkolonien. Der 1895 gegründeten Golf- und Landclub Berlin-Wannsee ist der älteste in Deutschland. Mit seinem heutigen 27- Loch-Platz zählt er zu den größten und renommiertesten Golfclubs der Republik. Bis zum Abzug der Alliierten wurde ein Teil der Anlage vom amerikanischen Golfclub genutzt.

Wissenschaftsstandort Wannsee

Zwei Einrichtungen für Gesundheit und Wissenschaft sollen das Bild dieses einzigartigen Berliner Ortsteils abrunden. Sie sind auch die größten Arbeitgeber auf der Insel und auf ihrem jeweiligen Arbeitsgebiet von weit über die Grenzen von Wannsee hinausreichender Bedeutung. Das an der Königstraße gelegen Immanuel-Krankenhaus ist eine vorwiegend auf rheumatische Erkrankungen und Naturheilkunde spezialisierte Klinik. Sie befindet sich auf dem bis zum Kleinen Wannsee herabreichenden Grundstück der ehemaligen Siemens-Villa mit einem wunderschönen Park. (Arnold von Siemens, der älteste Sohn des Erfinders und Unternehmers Werner von Siemens, ließ das Gebäude zwischen 1886 und 1889 errichten.) 1950 wurde es als erstes Jugendkrankenhaus Deutschlands in der Siemens-Villa eine Klinik mit 125 Betten für an Kinderlähmung erkrankte Kinder und Jugendliche eingerichtet. 1974 errichtete man einen modernen Erweiterungsbau an der Königstraße mit 185 Betten. In der Villa befindet sich heute die Krankenhausverwaltung. Wegen erheblicher Kriegsschäden wurden Dachgeschoss und aufgesetzte Türmchen nach dem Krieg abgerissen und stattdessen zwei schmucklose Geschosse auf das im Renaissance-Stil erbaute Backsteingebäude aufgesetzt. Dennoch lässt auch der heutige Anblick noch etwas von der Opulenz des ursprünglichen Baus erahnen. Der zierliche Teepavillon vor dem Hauptgebäude stammt noch aus dem ehemaligen Park.

Forschungshalle

Hermann von Helmholtz (1821–1894), Namensgeber des Wannseer Helmholtz-Zentrums sowie der Helmholtz-Gemeinschaft, der größten deutschen Forschungsorganisation, galt als einer der vielseitigsten Naturwissenschaftler seiner Zeit. Seine künstlerisch eindrucksvolle Grabstätte befindet sich auf dem Neuen Friedhof der Andreaskirche.

Das Helmholtz-Zentrum Berlin für Materialien und Energie liegt auf einem großen Gelände zwischen Golfplatz, Stölpchensee und früherer Deponie Wannsee. Es wurde 1959 unter dem Namen Hahn-Meitner-Institut für Kernforschung gegründet und beherbergt seit 1975 den Forschungsreaktor BER II als sogenannte Neutronenquelle. Der Bau dieses Reaktors in der eingeschlossenen Millionenstadt West-Berlin wäre heute aus Sicherheitsgründen sicherlich nicht mehr möglich. Sein Betrieb wird im Jahr 2020 eingestellt werden. Doch das Helmholtz-Zentrum Berlin mit ca. 800 Mitarbeitern in Wannsee betreibt nach eigenen Angaben längst zahlreiche zukunftsorientierte Forschungsprojekte und stellt sich auf die Zeit nach der Stilllegung ein. Hierzu gehört der Bau neuer Laborgebäude. Insbesondere an Energiematerialien will man auf dem Campus zukünftig forschen. Damit sind Fotovoltaik-Materialien gemeint, aber auch Materialien zur Umwandlung von solarer Energie in chemische Energieträger sowie Materialien für energieeffizientere Schaltprozesse in der IT.

Die zauberhafte Wasserlandschaft des Spreewalds mit ihren alten Traditionen zieht Jahr für Jahr Scharen von Besuchern an. Der ansprechende Bildband stellt in deutscher und englischer Sprache nicht nur die wichtigsten Orte und Sehenswürdigkeiten vor, sondern widmet sich auch kulturellen Besonderheiten, z.B. dem Blaudruck, dem winterlichen Schlittschuhfahren, dem typischen Spreewaldhaus oder der Gurkenernte.

Dörthe Ziemer
Spreewald | Stadt & Land Portraits
deutsch, englisch / 58 Seiten / vierfarbig / 22 x 22 cm / Hardcover
14,95 Euro / ISBN 978-3-941092-29-7

Lieferbar

Über Jahrhunderte war die Niederlausitz ein „Zwischenland“ innerhalb wechselnder politischer Konstellationen. Heute entstehen in der dreisprachigen Region neben den alten Kulturlandschaften, den historischen Stadtkernen (Cottbus, Lübbenau, Luckau, Zary, Lubsko, Doberlug-Kirchhain) und bedeutenden Schloss-anlagen (Brody, Branitz, Fürstlich-Drehna u.a.) skurrile Industriedenkmäler sowie hochinteressante Bergbaufolgelandschaften. Der Bildband stellt eine Region im Umbruch vor, zeigt Altes und Neues, widmet sich der lebendigen Theater- und Kunstszene ebenso wie altem Brauchtum und Handwerk.

Dörthe Ziemer
Niederlausitz | Stadt & Land Portraits
deutsch, englisch, polnisch / 74 Seiten / vierfarbig /
22 x 22 cm / Hardcover
14,95 Euro / ISBN 978-3-941092-85-3

Lieferbar

In der Uckermark mit ihrer sanft gewellten Landschaft und den endlosen Feldern kann der Geist entspannen. Nicht nur bei stadtmüden Berlinern hat sich die Region im Nordosten Brandenburgs in jüngster Zeit als Erholungsort etabliert. Doch neben klaren Seen und stillen Wäldern hat die Uckermark auch Anderes zu bieten: Die Marienkirche von Prenzlau, die komplett erhaltene mittelalterliche Stadtmauer Templins, der mächtige Wehrturm in Stolpe und das ehemalige Zisterzienserkloster Chorin sind nur einige interessante Ausflugsziele. Der Bildband mit bestechenden Fotos und informativen Texten macht Lust, die historischen Spuren in der Uckermark zu entdecken und die herrliche Landschaft zu genießen.

Bernd Oeljeschläger
Uckermark | Stadt & Land Portraits
deutsch, englisch / 64 Seiten / vierfarbig / 22 x 22 cm / Hardcover
14,95 Euro / ISBN 978-3-941092-59-4

Lieferbar